इंद्रधनुष के रंग

डॉ० तरुण कुमार

डायमंड बुक्स
www.diamondbook.in

प्रकाशक : डायमंड पॉकेट बुक्स (प्रा.) लि.

X-30, ओखला इंडस्ट्रियल एरिया, फेज–II

नई दिल्ली - 110 020

फोन :- 011-40712200

ई–मेल : sales@dpb.in

वेबसाइट : www.diamondbook.in

संस्करण : 2021

मुद्रक :

Indradhanush ke Rang

by : *Dr. Tarun Kumar*

भूमिका

मुझे बचपन से लिखने का शौक रहा है। शुरूआत में अपनी संवेदनाओं को मोतियों की तरह मन के धागे में पिरोकर मैं कहानियाँ बुन लिया करता था, जो वक्त के खींचतान में न जाने कब टूट कर बिखर गईं। एक सामान्य परिवार में जन्म लेने के कारण मैंने आमलोगों की बहुत सारी अनुभूतियों को बेहद करीब से महसूस किया है। कई जगहों पर मैंने मानवता को गर्व से अपना सर उठाए देखा है, तो कहीं–कहीं मानवता को शर्म से अपना चेहरा छुपाए भी देखा है।

वर्षों पहले जब मानवीय मूल्यों के अवमूल्यन ने मेरी अंतरात्मा को पूरी तरह झकझोर दिया, और मेरी भावनाएँ बाहर आने के लिए छटपटाने लगीं, तो कुछ कोरे कागज और अपनी कलम लेकर मैं एकांत में बैठ गया। अंतर्मन में उमड़ती अविरल धारा मेरी कलम के रास्ते स्वतः कागज पर उतरने लगी। जब मन शांत हुआ और मेरी नजर मेज पर रखे उन पन्नों पर गई, तो देखा कि वहाँ मेरी पहली कविता 'आत्मतत्व' का सृजन हो चुका था।

इसी तरह से कभी मन में उमंगों के रंग–गुलाल उड़े, तो कभी असह्य पीड़ा से आँखें नम हो चलीं। कभी देशभक्ति के जज्बे ने ललकारा, तो कभी यादों की बारात निकली। भावुकता के इस सफर में जिन्दगी ने बहुत कुछ सिखाया है; आज भी सिखा रही है। हर दिन एक नया पाठ पढ़ा रही है। कभी–कभार कुछ लिखा भी देती है, जो कविताओं की शक्ल में इस काव्य–संग्रह में एकत्रित हैं।

मेरी समझ से कविताएँ उस पहाड़ी झरने के समान हैं, जो बेसाख्ता पहाड़ों से नीचे की ओर गिरती हैं, और रास्ते में आने

वाले चट्टानों व पेड़ों की शाखाओं से टकरा कर सतरंगी रस की फुहार में बदल जाती हैं। जब ये फुहार किसी के उपर पड़ती है, तो उसे भी अपने रंग में रंग लेती है, और बलखाती नदिया की तरह डुबाते–उतराते हुए अपने साथ उस अथाह सागर की ओर बहा ले जाती है, जिसकी लहरें तन के साथ मन को भी भिगो जाती हैं।

तुम्हीं को बुनता हूँ, तुम्हीं को गुनता हूँ,
तुम्हीं को सुनता हूँ, तुम्हीं संग बहता हूँ!
तुम कविता जो हो...!!

कविताओं की महिमा को शब्दों में अभिव्यक्त करना बेहद मुश्किल है। इन्हें तो सिर्फ महसूस किया जा सकता है। ये रंग–बिरंगे खूबसूरत फूलों की बगिया के समान हैं, जिनकी खुशबू साँसों के साथ भीतर तक उतर जाती है, और पूरे अंतःकरण को सुवासित कर जाती है। जीवन के विभिन्न रंगों को अपने आप में समेटे हुए मेरी कविताओं का यह छोटा–सा संग्रह "इंद्रधनुष के रंग" आपके समक्ष प्रस्तुत है। उम्मीद है कि आप इसे सराहेंगे और अपने स्नेह व आशीर्वाद से मुझे अनुगृहीत करेंगे।

यह काव्य–संग्रह मैं अपने परिवार, दोस्तों और सभी पाठकों को श्रद्धापूर्वक समर्पित करता हूँ। मैं विशेष तौर पर ऋणी हूँ अपनी जीवन–संगिनी एवं दोनों बच्चों 'अभिनव और अनुराग' का, जिनके प्यार भरे रंगों से मैंने तैयार किया है यह "इंद्रधनुष"।

–डॉ॰ तरुण कुमार

प्रस्तावना

कविता कवि की भावानुभूतियों और उसके मनोवेगों की काव्यात्मक अभिव्यक्ति मात्र नहीं, अपने समय के सत्य और युगीन सामाजिक चेतना से साक्षात्कार कराने वाली वह विधा है, जिसमें सत्य, शिव और सुन्दर की ऐसी पावन त्रिवेणी प्रवाहित होती है, जो सबको समभाव से रससिक्त करती चलती है। इसी से युगीन सत्य का वहन करने वाली कविता 'स्वान्तः सुखाय से बहुजन हिताय' तक यात्रित होती है। कविता समाज को नई दिशा, नई चेतना हीं नहीं देती, जीवन को नया अर्थ भी देती है। परिर्वतन की पीठिका हीं नहीं रचती, क्रांति की मशाल लिए आगे–आगे भी चलती है। उदात्त भावों के संस्पर्श से लोकोत्तर आनन्द की रंगोली सजाती है; जिजीविषा जगाती है; आशा और आस्था के सूत्र थमाती है। 'आँसू और मुस्कान' तथा 'आग और राग' के गीत गाती है; जीवन को एक उत्सव बनाती है।

जीवन के अतल तल से जाने कैसी–कैसी कठोर चट्टानों को फोड़ कर फूटी इस स्वतः स्फूर्त निर्झरिणी में प्रवाहमान होते हैं मानव–मन के सूक्ष्म तरल भाव, जिसमें रची–बसी होती है हमारी जानी पहचानी मनु–गंध, और जग–जीवन की लय के साथ ही जिसमें धड़कता है रचनाकार का मन।

पटना के इंदिरा गाँधी आयुर्विज्ञान संस्थान के शरीर–क्रिया विज्ञान के विभागाध्यक्ष एवं प्रोफेसर डॉ. तरूण कुमार ने शरीर–क्रिया विज्ञान से आगे बढ़कर कविता के उस भाव–संसार में प्रवेश किया है, जहाँ साँसों की लय के साथ धड़कने वाले 'दिल' नाम के

मॉस के लोथड़े से इतर संवेदनाओं से स्पंदित और उद्वेलित होते मन के आवेगों को स्वर दिए जाते है। 'इन्द्रधनुष के रंग' शीर्षक काव्य–संग्रह की 57 कविताओं, चंद मुक्तकों और अश्आर में अपने विचारों, संवेदनाओं, भावनाओं और कल्पनाओं को पिरोकर इस अनूठे संसार में प्रवेश करने वाले नवोदित कवि का स्वागत है।

डॉ० तरूण कुमार के लेखन की शुरूआत भले हीं 'कथा–कर्म' से हुई थी किंतु, सामने फैले जीवन की विसंगतियों, विषमताओं और जीवन–मूल्यों के निरंतर होते क्षरण को देख उद्वेलित होते मन में उठते भावनाओं के झंझावातों ने हाथ में पकड़ी कलम को 'कवि–कर्म' की राह दिखा दी। भावों के उस उद्वेलन और चिन्तन से जन्मी प्रथम काव्य–रचना 'आत्मतत्व' से प्रारंभ हुआ 'आखरों' का एक नया सफर।

'आखरों' के इस सफर में जीवन की विसंगतियाँ और विरूपताओं से उपजी चिंता और इन्हें मिटाने की व्याकुलता है, तो बाधाओं को पार कर निर्भीक भाव से आगे बढ़ते हुए लक्ष्य को पा लेने का हौसला और संकल्प भी है।

'इन्द्रधनुष के रंग' में कोमल इन्द्रधनुषी रंगों का खूबसूरत वितान है, तो कल्पना की उड़ान भी है; राष्ट्रीयता का उदात्त ओजस्वी स्वर है, तो 'मन का गीत' भी है। 'स्त्री' के मातृ–रूप के प्रति श्रद्धा और आस्था, तो 'निर्भया' जैसी क्रूर और जघन्य घटनाओं की पीड़ा भी है, किन्तु यह पीड़ा दयनीय प्रलाप या नपुंसक आक्रोश नहीं बनती, 'खप्परवाली काली' बनने का आह्वान करती है। इस संग्रह की कविताओं में कोमल रागात्मक अनुभूतियों के साथ–साथ सामाजिक और मानवीय जीवन के संकटों के प्रति चिन्ता और सरोकार की अभिव्यक्ति भी हुई है। 'हिमालय की हुंकार' के साथ–साथ अधिक से अधिक भौतिक सुखों को बटोर लेने की बदहवास 'आपाधापी' में वर्तमान के अनभोगे क्षणों के यूँ ही छूट जाने की पीड़ा को भी स्वर मिले हैं। 'बचपन की पोटली' से निकले उस मोहक संसार की ढेरों स्मृतियाँ है; बचपन के खेलों से लेकर माता–पिता

और दादा–दादी के प्यार के ऊष्म और सुरक्षित घेरे की भावुक कर जाने वाली मधुर स्मृतियों के साथ–साथ प्रकृति के मोहक चित्र भी हैं। प्रिया के सौन्दर्य पर रीझे प्रेमी हृदय की प्रेम–मुग्धता, राग और श्रृंगार के भावों से भरे मन की लगन तो ऐसी है कि 'स्व' कहीं खो जाता है, और हर तरफ साँसों में 'खुशबू' की तरह समाई प्रेमिका हीं चतुर्दिक दिखाई पड़ती है। 'समन्दर की लहरें' में प्रेमिका की धड़कनों के साथ–साथ अपनी धड़कनें मिलाकर पूर्णता का एहसास पाने और एक नई दुनिया बसाने की आकांक्षा अभिव्यक्त होती है। 'ढाई आखर प्रेम के' कविता में लौकिक धरातल पर होते हुए भी प्रेम की उस उदात्तता का परिचय मिलता है, जिसमें 'मैं' मैं नहीं रहता, 'मैं' का लोप हो जाता है और बस, 'तू' ही 'तू' रह जाता है। यहीं पर लौकिक प्रेम में अध्यात्म–दर्शन भी ध्वनित होता है। इसी तरह 'रंगों का जादू', 'रंगीली होली' और 'प्रेम के धागे' रचना में सूत से सीकर दिलों को जोड़ने और एक सुन्दर तथा बेहतर दुनिया बनाने की तीव्रतम इच्छा की अभिव्यक्ति भी हुई है। कवि की कल्पना और कामना जीवन के प्रसार में फैलने के साथ–साथ अन्तर्मन की गहराई में उतरने की भी है, जो 'मुक्तिधारा' एवं 'रंगरेज' जैसी कविताओं में परिलक्षित होता है।

समग्रतः "तुम्हीं को बुनता हूँ/तुम्हीं को गुनता हूँ/तुम्हीं को सुनता हूँ/तुम्हीं संग बहता हूँ" के भाव से काव्य–प्रवाह में बहते हुए कवि ने इन्द्रधनुषी रंगों का खुशनुमा चंदोवा हीं नहीं सजाया, बल्कि उस प्रवाह में बहते–बहते जीवन के कई तटों का स्पर्श किया है, और कई घाटों की मिट्टी तथा उसकी सोंधी खुशबू को स्वयं में समाया भी है। कई रचनाओं में हौसले, हिम्मत और आशा का संदेश दिया है।

> एक तस्वीर
> बनाता हूँ मैं...,
> लोगों के दिलों में छुपा है जो,
> पन्नों पे उतार लाता हूँ मैं...।

अपने दिल के साथ लोगों के मन की बातों को भी मुखरित करते इस काव्य–संग्रह का स्वागत करते हुए 'त्वदीयं वस्तु.........तुभ्यमेव समर्पये' के भाव से कवि की पंक्तियों के माध्यम से हीं उनके यशस्वी भविष्य के प्रति अपना विश्वास व्यक्त करते हुए कहना चाहती हूँ–

चाहे जितना ढक ले मेघ,
नहीं थमेगा तेरा तेज।
तू तो बाहर आएगा,
जग को रौशन कर जाएगा।

इस प्रथम काव्य–संग्रह का पुनः स्वागत है और नए–नए संग्रहों की प्रतीक्षा भी, शुभकामना भी।

–किरण घई
अवकाशप्राप्त उपाचार्य,
हिन्दी–विभाग,
पटना वीमेन्स कॉलेज,
पूर्व सदस्य, बिहार विधान परिषद

विषय सूची

आत्मतत्व

वो दीप कहाँ से लाऊँ,
जो जीवन–ज्योति जला दे?
वो तेज कहाँ मैं पाऊँ,
जो सत्पथ दिखला दे?

अंधकार घना छा रहा,
इंसान भूखा भाग रहा,
न जाने कैसी धुंध है,
खुद को भी ना पहचान रहा।

वो अन्न कहाँ से लाऊँ,
जो सबकी क्षुधा मिटा दे?
वो ज्ञान कहाँ मैं पाऊँ,
जो सारी दुविधा मिटा दे?

घृणा–द्वेष की तप्त चिता में
मानवता को जला रहा।
मिथ्या मोह के भँवर–जाल में
स्वयं समाधि बना रहा।

वो नीर कहाँ से लाऊँ,
जो सारी तपिश बुझा दे?
वो तीर कहाँ मैं पाऊँ,
जो बंधन–मुक्त करा दे?

क्यों भटक रहा मृगतृष्णा में?
काल बडा हीं निष्ठुर है।
शांतचित हो, कर्म करो,
प्रेम हीं में परमेश्वर है।

वो गीत मैं कैसे गाऊँ,
जो प्रीत–प्रवाह बहा दे?
वो राग कहाँ मैं पाऊँ,
जो प्रेम–सुधा बरसा दे?

❖❖❖

संकल्प

जिन्दगी के इस सफर में...
न तो कभी रूकना, न हीं झुकना,
रास्ता चाहे जितना कठिन हो...,
अपने लक्ष्य पर निगाह रखना,

बाधाएँ तो आती हीं रहेंगी,
बार–बार तुझे आजमाती रहेंगी,
धैर्यपूर्वक उनका सामना करना,
और हमेशा आगे बढ़ते रहना,

चाहे मंजिल दूर खड़ी हो,
मगरूर सी तन कर अड़ी हो,
रखना हौसला बुलंद अपना,
पूरा होगा तेरा हर सपना।

❖❖❖

जागृति

दिग–दिगंत सब गूंज रहा...
क्यूँ घुट–घुट कर तू ऊँघ रहा?
क्यूँ अश्रुपुरित हैं नयन तेरे...
यूँ मर्यादा का हनन करे?

ये गिरते मोती थाम कर...
चल कर्मयोग की राह पर,
क्रंदन वंदन हो जाएगा,
तप कर कुंदन हो जाएगा,

तू साधक मन का दीप जला,
बोझिल धुमिल अतीत भुला,
जाग, जगा तकदीर को अब,
हुआ आज तेरा विहान है।

❖❖❖

आह्वान

ऐ मातृभूमि के वीर सपूतों...
यह देश तुम्हें पुकार रहा,
घात–प्रतिघात से रक्त–रंजित,
बार–बार ललकार रहा,

चहुँ ओर लुटेरे बैठे हैं,
सब मिलजुल कर के लूट रहे,
रक्तपिपाषु कीड़ों जैसे...
लहू देश का चूस रहे,

अंधकार घना छा रहा...,
अंधा राह दिखा रहा...,
हाथ को हाथ नहीं सूझ रहा,
अपनों के साथ हीं जूझ रहा,

पाप की चक्की पीस रहा,
मानवता को घिस रहा,
कहीं मार–काट मची है,
कहीं देश की आबरू लुटी है,

आँसू भी अब सूख चले हैं,
भेड़िये और भूखे हो चले है,
अब तो अपनी आँखें खोल,
मिट्टी के कर्ज में खुद को तौल,

वर्ना कुछ नहीं बच पाएगा,
हाथ मलता हीं रह जाएगा,
क्या यह धरती तेरी माँ नहीं है?
क्या नजरें फेर लेना सही है?

जब सीमा पर हमारे जवान,
देश के लिए मर मिट सकते हैं,
तो हम देश के भीतर बैठे,
क्यों नहीं कुछ कर सकते हैं ?

जाति धर्म से उपर उठकर,
आओ हम सब एक बन चलें,
विषधर बाहरी हों या आंतरिक,
मिलकर सबका फन कुचलें।

❖❖❖

हिमालय की हुंकार

उठी हिमालय से हुंकार,
मातृभूमि का कर्ज उतार,
धरा हो रही लहूलुहान,
माँग रही तुझसे बलिदान,

शत्रुओं ने सीमाएँ लाँघी,
संधियुक्ति में आग लगा दी
मैत्री का झूठा प्रलाप कर रहे,
पीठ पीछे आघात कर रहे,

आज फिर कायराना हरकत हुई,
हमारे जवानों की शहादत हुई,
कब तक हम यूँ ही सहते रहेंगे,
इन सपूतों के लहू बहते रहेंगे,

अब तो जर्रा–जर्रा बोल रहा है,
हमारे रगों का लहू भी खौल रहा है,
आओ मिलकर आवाज बुलंद करें,
अब तो देश के दुश्मनों का अंत करें।

❖❖❖

धूप-छाँव

उषा–निशा के आयामों से...
कालचक्र गुजरता है,
सुख और दुःख के धागों से...
सबके जीवन को गढ़ता है।

तूफानी दरिया को देखो...
चट्टानों से टकराता है,
गर छूट गया दामन कोई...
मुख मोड़ पुनः बढ़ जाता है,
फिर लहराता बलखाता है,
संदेश यही दे जाता है। उषा–निशा...

उस साधक तरूवर को परखो...
पल–पल शत दल गिर जाते हैं,
गल मिट्टी में मिल जाते हैं,
वो हँसता है, मुस्काता है,
नवचेतन से भर कर फिर से...
झूम–झूम कर गाता है। उषा–निशा...

क्यों रोता है, क्यों रुकता है?
क्यों बैठा शोक मनाता है?
हर्ष–विषाद हैं धूप–छाँव से,
इक आता तो इक जाता हैं।

क्या हँसना क्या रोना यूँ ही...
हँस सके तो पहले हँस खुद पर,
रो सके अगर, रो पर दुःख में,
यही मानव–धर्म सिखाता है। उषा–निशा...

❖❖❖

मंथन

साँसों के सुर में...
धड़कनों के ताल पर,

जिंदगी के गीत गाता,
चल तू अपनी राह पर,

रास्ते काँटों भरे....
धूल से अटे पड़े,

उठ रहा तूफान है,
संघर्ष घमासान है,

न साथी है, न संगत है,
जो दिख रहा, वो मिथक है,

अथाह सागर में अनवरत...
चल रहा ये मंथन है,

यूँ अमृत की आस में...
कस्तुरी की तलाश में,

जीवन के ताने–बाने को
तार–तार न कर,

साँसों के सुर में...
धड़कनों के ताल पर,

जिंदगी के गीत गाता,
चल तू अपनी राह पर।

❖❖❖

रिश्तों की माला

आओ सब मिलकर मुस्कुराते हैं..,
उदासी भरे चेहरों पर हँसी लाते हैं,

निराशा के घने अंधकार में...
आशा के दीपक जलाते हैं,

सपनों की दुनिया से निकलकर...
हकीकत से नजरें मिलाते हैं,

दिलों में जो पड़ गई थीं गाँठें...
उन्हें करीने से सुलझाते हैं,

रूठे हुए अपने–परायों को...
फिर से गले लगाते हैं,

रिश्तों के बिखरते मोतियों में...
प्रेम के धागे पिरोकर,
एक नई माला बनाते हैं।

❖❖❖

अनजाना सफर

जिन्दगी की मेहरबानियाँ कम नहीं
थोड़ी बहुत कुर्बानियों का गम नहीं,

कभी धूप तो कभी चांदनी मिलेगी
कभी आँखों में रात गुजारनी पड़ेगी,

कहीं महफिल, कहीं सन्नाटे मिलेंगे
फूलों के साथ कुछ काँटे भी मिलेंगे,

उठना और गिरना यहाँ लगा रहेगा
कुछ अच्छा तो कुछ बुरा भी लगेगा,

यह अनसुलझा अनजाना सफर है,
हर पल में छुपा एक अवसर है,

अभी तो जिन्दगी की दोपहर है,
आगे देखने को और भी शहर है!

❖❖❖

आर्तनाद

दूर कहीं से...
आर्तनाद सा होता त्वरित,
दुःख के घने मेघ...
मन को किए आच्छादित,
वही निर्मम ठेस फिर एक बार,
मर्मस्थल को कर रही तार–तार,
सीने में टीस सी उठाती,
तपा–तपा कर तड़पाती,
जैसे होम हो रहा हो तन...
ज्वालामुखी के अंदर,
जैसे गुम हो रहा हूँ मैं...
नीरवता में निरंतर,
आँखों में उमड़ता सैलाब लिए,
अंतस में इक प्यास लिए,
काश, कोई तो हाथ बढ़ाता..,
अंधकार में राह दिखाता!

❖❖❖

उड़ान

तू पंख लगाकर उड़ जा...,
मुट्ठी में तारे भर ला,
तिनका–तिनका जो तूने सपने बुने,
उन सपनों को फिर से जी ले।

जीवन का सफर बहुत लंबा है,
कभी उपहार तो कभी अड़ंगा है,
डर मत, जो होगा अच्छा होगा,
जीत उसी की होगी, जो सच्चा होगा,

जो पीछे छूट गया, उसे जाने दे,
जो होना है, उसे सामने आने दे,
सुख–दुःख तो आते–जाते रहेंगे,
लोग अपनी–अपनी सुनाते रहेंगे,

पर तू अपनी धड़कनों को सुन,
और सुन अपने पायलों की छुन–छुन,
बारिशों में खुद को भीगने दे,
मन पे जमी हुई गर्द को धुलने दे,

अपने पंखों को पूरी तरह खुलने दे,
खुले आसमान में खुद को उड़ने दे,
बागों में वसंत फिर से आएगा,
तेरा दामन खुशियों से भर जाएगा।

❖❖❖

बारिश

ऐ बादल, तू टूट कर बरस...
जर्रा–जर्रा तप रहा है,
नफरत की ऐसी आग लगी है,
इंसान प्यासा तड़प रहा है,

ऐसी शीतल बारिश हो...
कि हरियाली सी छा जाए,
प्यार की सोंधी खुशबू से,
खुशहाली सी छा जाए।

❖❖❖

दरिया

दरिया हूँ मैं, मुझे बहने दो...,
पथरीले रास्तों से होकर गुजरने दो,

उलझनों से बाहर खुद हीं निकलने दो,
सारे बंधनों को तोड़कर मचलने दो,

निरंतर अपनी राह पर आगे बढ़ने दो,
हर एक पल को पूरी तरह जीने दो,

समंदर की गहराईयों में उतरने दो,
सीप से मोतियों को बाहर निकलने दो।

❖❖❖

आपाधापी

जीवन की आपाधापी में...
न जाने कब शाम हो गई,
सफलता के पीछे दौड़ते–भागते...
सारी खुशियाँ हराम हो गई,
हीरे सी अनमोल जिन्दगी...
कौड़ियों के दाम हो गई,

न खाने की फिक्र है,
न सोने का ठिकाना,
बस दिखावे का जिक्र है
झूठ है हँसना–मुस्कुराना,

दर्द को दबाए फिरते हैं,
अपने साये से भी डरते हैं,
आगे बढ़ने की कोशिश में...
बार–बार गिरते पड़ते हैं,

कंधों पर भारी बोझ उठाए...
हम लोगों से मिलते हैं,
सिक्कों की चकाचौंध में...
अपने आपको को खोजते हैं,

सुकून की तलाश में...
दर–दर भटकते हैं,
सपनों की खातिर...
हकीकत से लड़ते हैं,
हर दिन, हर पल
हम कल में जीते हैं।

❖❖❖

अनमोल जीवन

जब स्वछंद साँसें आतीं–जातीं
मुक्त धड़कनें भी गुनगुनातीं
मंद–मंद मुस्काता है मन
अद्‌भुत लगता है यह जीवन,

सुनहरी किरणें सूरज की...
सुबह–सुबह धरती पर आतीं
अंधियारे को दूर भगाकर
आशाओं के दीप जलातीं,

अंतहीन ये नीला अम्बर
देख रहा है नजरें भर–भर
हौसलों को उड़ान दे रहा
अब कहीं रूकना नहीं थक कर,

हरियाली बन गई हमजोली
वन–उपवन में खुशबू फैली
रंग–बिरंगे फूलों के संग
झूम रहा मन मस्त मलंग,

कल–कल करती बहती नदिया
निश्छल निर्मल धार लिए
सबकी प्यास बुझाती जाती
खुद में इक संसार लिए,

चहक रहे हैं पंक्षी सारे...
मिलकर मीठी धुन सुना रहे
जीवन है अनमोल सखा रे
हर पल तू उत्सव मना ले।

❖❖❖

बचपन की पोटली

उतार कर मैंने बढती उम्र का झोला...

आज अपने बचपन की पोटली को खोला,
भूले–बिसरे यादों को फिर से टटोला,

धीरे–धीरे मानस पटल से धुंध छँटती गई,
यादों के झरोखों से तस्वीर उभरती गई,

आँखों के सामने घूमने लगे बीते नजारे,
मस्ती में झूम रहे थे बिछड़े साथी सारे,

न कोई फिक्र थी, न किसी का डर,
अपनी सी धरती थी, अपना था अम्बर,

कभी आसमान में हम पतंगें लड़ाते,
कभी छोटी सी बात पे झगड़ जाते,

कभी तितलियों के पीछे–पीछे भागते,
कभी खेतों से फलियां तोड़ कर लाते,

कभी अमरूद की डालियों पर झूलते,
तो कभी चोरी के गन्नों का रस चूसते,

खट्टे अमिया के भी लेते थे खूब चटखारे,
हर दिन हर पल थे सबके वारे–न्यारे,

कभी बारिश में हीं खेलने निकल जाते,
और पानी में कागज की कश्तियाँ तैराते,

तो कभी तालाब में मछलियाँ पकड़ने जाते,
और देर शाम तक सब डुबकियाँ लगाते,

जब घर लौटते, तो पिताजी से मार खाते,
तभी हमें बचाने को दादा–दादी आ जाते,

रात में माँ खाने के लिए बार–बार मनाती,
तो सोते समय पिताजी बालों को सहलाते,

कितने खूबसूरत थे वो गुजरे सुनहरे दिन,
जिन्हें आज भी हम भुलाए नहीं भूल पाते,

काश, कोई जादू की छड़ी हमारे पास होती,
जिसे घुमाकर फिर से बचपन में चले जाते!

❖❖❖

स्त्री

स्त्री तू महान है,
तू धरती, तू हीं आसमान है,
कहीं माँ, तो कहीं बेटी,
कहीं बहन, तो कहीं पत्नी,
कहीं दोस्त बनकर मेहरबान है,
मानवता की तू जान है,
तू आबरू, तू हीं अभिमान है,
तू सभ्यता, संस्कृति की पहचान है,
तू कल–कल बहती नदिया है,
आंगन की महकती बगिया है,
प्रकृति का सौंदर्य तुझसे है,
गीत, नृत्य सब तुझसे है,
तू माँ शारदे की वीणा है,
तू लक्ष्मी, तू हीं दुर्गा है,
सब कुछ तुझसे हीं जन्मा है,
जहाँ तेरा सम्मान नहीं,
वो घर नहीं श्मशान है,

तू सृष्टि के कण–कण में है,
तू जीवन के हर क्षण में है,
तेरे बिन जग वीरान है,
तू है, तो यह स्वर्ग समान है,
स्त्री तू महान है,
तू धरती, तू हीं आसमान है।

❖❖❖

मन की लगन

मैं जिधर देखूँ...
सिर्फ तुम नजर आती हो,

ख्वाबों में भी आकर...
मुझे गुदगुदा जाती हो,

साँसों में खुशबू की तरह...
समा जाती हो,

सीने में धड़कन बनकर...
हरदम गुनगुनाती हो,

रगों में लहू बनकर...
तुम आती–जाती हो,

मेरे मन पर जादू की तरह...
छा जाती हो,

तुम्हारा ख्याल हीं मुझे...
जीने का एहसास कराता है,

मेरी पुरजोर कोशिशों के बावजूद...
मुझे मुझसे जुदा कर जाता है।

❖❖❖

समंदर की लहरें

जब अथाह समंदर में...
लहरें किनारों से टकराती हैं,

हौले–हौले सरसराती हवा...
मेरे अरमानों को सहलाती हैं,

एक ज्वार सा उठता है...
मन की अतल गहराईयों से,
तुम्हें अहिस्ता से छूने को

करीब से तुम्हारी खुशबू...
अपनी साँसों में समाने को,

तुम्हारी धड़कनों के साथ...
अपनी धड़कनें मिलाने को

इस अधूरी जिन्दगी में...
पूर्णत्व का एहसास पाने को,

इंद्रधनुष के खूबसूरत रंगों से
अपनी तकदीर सजाने को,

सितारों से भी आगे...
एक नई दुनिया बसाने को।

❖❖❖

तेरी गलियाँ

गुजरता हूँ मैं जब तेरी गलियों से...,
महकती साँसों का एहसास होता है,

जब गुनगुनाती हो तुम हौले से...,
धड़कते दिल का एहसास होता है,

शरमा जाएँ खिलखिलाते हुए फूल...,
जब तुम आहिस्ते से मुस्कुराती हो,

अमावस में भी चाँद निकल आता है,
जब छत पर तुम आ जाती हो...,

तेरे इंतजार से रौशन ये जिन्दगी,
तेरा दीदार करना हीं मेरी बंदगी,

यूँ ही करम मुझपे बनाए रखना,
प्रेम का दीपक जलाए रखना।

❖❖❖

काले बादल

काले–काले बादल छाये
उमड़ घुमड़ कर शोर मचाये

गागरिया में जल भर लाये
छम–छम कर बूंदें बरसाये

जड़ चेतन सबको नहलाये
तप्त धरा की प्यास बुझाये

नाचें मोर, पपीहरा गाये
शोख हवा भी खूब इतराये

सोंधी–सी मिट्टी की खुशबू
साँसों को महकाती जाये

स्नेहसिक्त सुधा की बारिश
हृदय को शीतल कर जाये।

❖❖❖

मनमीत

तुम खूबसूरत हो...,
या खूबसूरती से बनी हो,

तुम से हीं मेरी सारी खुशियाँ
तुम हीं मेरी हँसी हो,

तुम हीं मेरा आसमाँ
तुम हीं मेरी जमीं हो,

तुम मेरे साँसों की सरगम
तुम मेरे जीवन का गीत हो,

मेरी धड़कनों में हरदम
गूँज रहा संगीत हो,

मेरी हमसफर, मेरी हमदम
मेरी प्रेरणा, मेरी जीत हो,

तुम हीं मेरी प्रीत हो,
तुम हीं मनमीत हो।

❖❖❖

हमसफर

एक अनजान सफर का...
गुमनाम सा राही था मैं,

जब थाम कर मेरा हाथ....
तुमने मुझे अपना बना लिया,

मेरी बेरंग सी जिन्दगी में....
अपने प्यार का रंग भर दिया,

मेरे खूबसूरत ख्वाबों को....
तुमने हकीकत कर दिया,

किस्मत भी मुझ पर मेहरबान हो गई,
खुशियाँ हमारे दरमियान हो गई,

जब संघर्ष भरी राहें सुलगती....
तुम सावन की तरह बरसती,

जब मुश्किलें सर्द रातें बन जाती....
अपने हौसलों से तुम उन्हें पिघलाती,

और जब जीवन में पतझड़ आता....
तुम वासंती बयार बन जाती,

कितना कुछ तुमने मुझे दिया है,
अपना सब कुछ तो निसार दिया है,

इतना सुंदर घर–परिवार है अपना,
स्वर्ग से बढ़कर संसार है अपना,

यूँही सदा मेरा साथ निभाती रहना,
मेरे जीवन में तुम खुशियाँ बरसाती रहना,

मेरी हमसफर तुम्हीं बनना जनम–जनम,
ईश्वर से यही दुआ है मेरी हमदम।

❖❖❖

मिलन की रात

आज फिर सितारों की बात करें...
मखमली–सी ये रात करें,

हाथों में हाथ हो...
बस तुम्हारा साथ हो,

अँगड़ाई लेते जज्बात हों...
और तन्हाई की सौगात हो,

आँखों में समंदर हो...
और लबों पे खामोशी,

साँसों में तेरी खुशबू हो...
और फिजा में मदहोशी,

हवा भी हौले–हौले गुनगुना रही है...,
मानो सरगम–सी सुना रही है,

देखो जुगनू जगमगा रहे हैं...,
सोये अरमानों को जगा रहे हैं,

चाँद भी मुस्कुरा रहा है...,
अपनी चाँदनी संग इठला रहा है,

अब तो आ जाओ...
मेरी आगोश में समा जाओ,

यूँ ही न रह जाएँ सपने अधुरे...
मिलकर आज हम हो जाएँ पूरे।

❖❖❖

विरहिणी

घनघोर घटा, चितचोर पवन,
खिल रही छटा, हैं मोर मगन,

गा रहे परिन्दे प्रणय–छंद,
हो रहे जुदा मेरे तन–मन,

घर–आँगन भी आस लगाए,
पति–संग आ सखि सताए,

गरज–गरज निर्मोही मेघ...
दुस्साहस कर मुझे डराए,

वो आएँ तो सबकी खता कहूँ,
अपने मन की सारी व्यथा कहूँ,

जाने कब होंगे स्वप्न ये पूरे,
तृप्त ये बहते लोचन मेरे।

❖❖❖

मन का पंक्षी

कभी–कभी जी करता है...
मैं भी अपने पंख फैलाऊँ,

उनमुक्त पंक्षी की तरह...
नील गगन में उड़ जाऊँ,

मन का बोझ उतार कर...
हवा के संग सैर कर आऊँ,

सारी उलझनों से दूर...
जीवन के कुछ पल जी कर आऊँ।

❖❖❖

ऋतुराज

वसंत का त्योहार आया...
उत्साह, उमंग और प्यार लाया,
कलियाँ जैसे मुस्कुराने लगीं,
भौरें भी अब गुनगुनाने लगे,

तितलियाँ अठखेलियाँ करने लगीं,
फूलों संग गलबहियाँ करने लगीं,
पपीहे मधुर गीत गा रहे हैं,
झूमते वृक्ष संगीत सुना रहे हैं,

हवाएँ महकने और बहकने लगीं,
मन की मर्यादाएँ दरकने लगीं,
फिजा में जैसे खुमार चढ़ने लगा,
सब कुछ नये रंग में ढलने लगा,

कोयल ने मीठी कूक लगायी,
कानों में मानो अमृत बरसायी,
अंतर्मन को लगी भिगोने,
सुध–बुध सारे लगे हैं खोने,

मौसम ने ली अँगड़ाई है,
तरूणाई सी छाई है,
धरा बन बैठी है दुल्हन,
जैसे होने को है प्रथम–मिलन।

❖❖❖

रंगों का जादू

नस–नस में उमंग–तरंग भर गया...,
कुछ इस तरह होली का रंग चढ़ गया।

बसंती हवाएं बावली सी मचलने लगीं,
मन की कोमल भावनाएं पिघलने लगीं,
रंग और खुशबू का समां बंधने लगा,
हर दिल में मुहब्बत जवां होने लगा,

फागुनी बयार ने सपनों में रंग भर दिया...,
होली के खुमार ने धड़कनों को मृदंग कर दिया।

बच्चों के साथ बूढ़ों का मन भी डोल रहा,
रंगों का जादू सबके सर चढ़कर बोल रहा,
कहीं भांग की मस्ती में हुड़दंगियों की टोली,
तो कहीं नाचती–गाती युवतियों की ठिठोली,

पिचकारियों की फुहार ने दंग कर दिया...,
रंगीले त्यौहार ने सबको मलंग कर दिया।

गीले तन में मन की गाँठें ढीली हो चलीं,
कुछ नम आँखों से नदियाँ बह निकलीं,
रूठे हुए प्रेमी फिर से अंतरंग हो गए,
बिछड़े साथी एक–दूजे के संग हो गए,

रंगों की बारिश में मन का मैल धुल गया...,
होली की कशिश में सारा मतभेद भूल गया।

रंग–बिरंगी होली हर साल आती रहे,
प्रेम के रंग से हमें यूँ ही नहलाती रहे,
हम सबके जीवन में रस बरसाती रहे,
मुश्किलों में भी जीना सिखाती रहे।

❖❖❖

ढाई आखर प्रेम का

जब तुम मुस्कुराती हो...,
तो कलियाँ खिलने लगती हैं,
और जब अनायास हँसती हो...,
तो लगता है बहार आ गई,

यूँ ही सदा हँसते–मुस्कुराते रहना,
मेरे गुलशन को तुम महकाती रहना,

बागों में फूल तो मैंने कई देखे..,
पर जो तुझमें है, वो बेमिसाल है,
मेरा रोम–रोम यही कहता है...,
कि तू है, तो जिन्दगी निहाल है,

मेरी साँसों की खुशबू तू है,
मेरे दिल की धड़कन भी तू है,
आँखें खोलूँ, तो तेरी जुस्तजू है...,
आँखें बंद हों, तो बस तू हीं तू है।

❖❖❖

रंगीली होली

रंग–रंगीली, छैल–छबीली
रास–रसीली, बड़ी नशीली
अबीर–गुलालों की हमजोली
जिसने खेली उसकी होली,

हँसकर ये कानों में बोली
भर लो अपनी–अपनी झोली
प्यार–मुहब्बत की है टोली
मिलजुल कर सब खेलो होली,

छूटे ना कोई सखा–सहेली
चाहे भीगे दामन–चोली
छोटी, बड़ी, या हो मंझोली
कर लो सबके संग ठिठोली,

लाल, पीली, हरी, नीली
कहीं सूखी तो कहीं गीली
धरती बन गई है रंगोली
मस्ती में खेल रही है होली!

❖❖❖

प्रेम के धागे

कभी–कभी ऐसा लगता है...,
कि कुछ अच्छा नही होता,
जिन्दगी भर ठोकरें मिली हों...
जैसे कोई सच्चा नहीं होता,

पर सच तो यह है कि...
कि अपने मन का नहीं होता,
निगाहें टिकी रहीं आसमां पर...
जमीं का पता नहीं होता,

जब जरूरत थी अपनों को तेरी,
तू खोया कहीं और था,
दिल के आईने में देख जरा...
जहाँ तू आज है, कल क्या वहीं था?

अब भी समय नहीं बीता है...,
वापस हो जा, अपनों से मिल ले...,
रिश्तों में जो पड़ गई हैं दरारें...,
उन्हें प्रेम के धागों से सिल ले।

❖❖❖

सफर जिंदगी का

अरमानों की गठरी उठाए...
इंसान आगे बढ़ता जाता है,
मील के पत्थर गुजरते जाते हैं...
जिनके बोझ तले वो दबता जाता है,

जिंदगी ऐसे हीं गुजर जाती है,
हर दिन कुछ नया हमें सिखाती है,
कभी हँसाती तो कभी रूलाती है,
यह तरह–तरह के रंग दिखाती है,

वक्त का पहिया भी घूमता जाता है,
बंद मुट्ठी से रेत फिसलता जाता है,
जिंदगी को संवारने की कोशिश में...
इंसान धीरे–धीरे बिखरता जाता है,

काश, कभी खुद से भी पूछा होता,
अंतर्मन की आवाज को सुना होता,
बारी–बारी सबके लिए जीकर देखा,
कभी जिंदगी को भी जीने दिया होता!

❖❖❖

तलाश

अपनी तलाश है...,
हर उस शख्स को,
जो सुकून के लिए...
भटक रहा है,

पल–पल मिलती
खुशियों को...
झटक रहा है,

अपने कंधों पर...
जाती हुई एक लाश है,
जिसका आखिरी सफर...
कट रहा है!

❖❖❖

मुक्तिधारा

ऐसा लगता है...,
जैसे संपूर्ण मानस झंकृत है,

नवजीवन–सा उद्गत...,
अंतःकरण आलोकित है,

दिव्य चेतना हो रही प्रवाहित,
रोम–रोम पुलकित है...,

जैसे बारिश में भीगता मन,
पर्त दर पर्त उतरता आवरण,

इस काल–खण्ड के नाव में,
गंगा के पावन बहाव में,

मैं निरंतर बहता जाऊँ,
स्वयं को खोता जाऊँ,

फिर भी तृप्त हूँ,
न जाने क्यों...!

❖❖❖

रंगरेज

रंगरेज मेरे, रंगरेज मेरे...,
तू रंग ले अपने रंग मुझे

मिल जाऊँ मैं तेरे रंग में
घुल जाऊँ मैं तेरे रंग में

हो जाऊँ मैं तेरे संग में
खो जाऊँ मैं तेरे रंग में

हर रंग है तू, उमंग भी तू
जीवन के हर तरंग में तू

धरती भी तू, अम्बर भी तू
शाश्वत भी तू, नश्वर भी तू,

जिधर देखूँ, बस तू हीं तू
आरंभ भी तू और अंत भी तू।

❖❖❖

पुराने पेड़

जिन पेड़ों की शाखों पर...
उछलते–कूदते हम बड़े हुए,
जिनकी डालों पर झूलते हुए....
अपने पैरों पर हम खड़े हुए,

जिनकी ममता के छाँव में...
अमृतपान कर हम सो जाते थे,
लोरियाँ सुनकर सपनों में खो जाते थे,
जिनके वात्सल्य–रस में डूब जाते थे,

उन पेड़ों के दिन अब ढलने लगे हैं
शाखों पर लगे पत्ते गिरने लगे हैं
उनकी काया मलीन होने लगी है
और छाया भी क्षीण होने लगी है

मन में एक हूक सी उठने लगी...
मेरी अंतरात्मा मुझसे पूछने लगी...

एक दिन तेरा भी वक्त आएगा,
उम्र की ढलान पर तू भी उतर जाएगा,
तेरे आंगन के पेड़ अभी सूखे तो नहीं,
तुम उनके साथ कहीं रूखे तो नहीं।

❖❖❖

तालाबंदी

हर तरफ खौफ सा छाया है
जिन्दगी पर मौत का साया है
दूरियाँ तो पहले भी दरम्यां थी
अब तो नजदीकियों ने डराया है,

बेजुबानों को जंजीरों में बांधकर
बड़ी शान से जो इठलाते थे
आजकल घरों में बैठे हैं
लोगों से मिलने में कतराते हैं,

सड़कों पर सन्नाटा पसरा है,
जन–जीवन पूरी तरह बिखरा है,
सबके चेहरों पर पर्दा पड़ा है,
लगता है सामने शत्रु खड़ा है,

खत्म हो गई सारी मित्र–मंडली,
दहशत उमड़ी है गली–गली...,
न जाने किसने ये सितम ढाया है,
इंसानियत का सबसे बुरा दौर आया है!

❖❖❖

प्रकृति का पाठ

मन में दुविधा भारी है...,
धड़कन पर विपदा तारी है
मुश्किल में दुनिया सारी है
ये कैसी महामारी है,

वो भी क्या दिन थे...
जब लोगबाग मिलते थे
चाय की चुस्कियाँ लेकर
दिल के गिरह खोलते थे,

नमक मिर्च लगी खबरों से...
क्षुधा तृप्त कर लेते थे,
अब हो गई वो बातें पुरानी
नीरस सी हो गई जिंदगानी,

दूर–दूर बैठे रहते हैं...,
चेहरे सबके ढके रहते हैं,

मानो प्रकृति ने सजा सुनाई हो
वर्षों बाद अपने रंग में आई हो
धरती पर जीवन बचा रही हो
सबको अनुशासन का पाठ पढ़ा रही हो।

❖❖❖

एक चमकता सितारा

वो चमकता सितारा था
बहनों की आँख का तारा था
बूढ़े बाप का सहारा था
पूरे देश का दुलारा था

वो हँसता था, मुस्काता था
जग रौशन सा हो जाता था
जब पर्दे पर वो छाता था
मन पुलकित सा हो जाता था

ना जाने कैसे नजर लग गई
वो डायन उसके पीछे पड़ गई
सबसे उसको दूर ले गई
ख्वाबों को चकनाचूर कर गई

अब सूनी आँखें उसे ढूँढ़ती हैं
बचपन की यादें पूछती हैं
क्यूँ छोड़ गया गम का दरिया
साँसें घुटती सी लगती हैं

पर सौगंध उठाते हैं तेरी
हौसला कभी ना छोड़ेंगे
चाहे वो जितना जोर लगा लें
हम न्याय के लिए लड़ेंगे।

❖❖❖

जीवन बहता पानी

किसने कहा था...
तुम्हें ये भूल जाने को,
इस मायावी दुनिया में...
यूँ मशगूल हो जाने को,

जो आया है, वो जाएगा...,
कालचक्र यूँ ही घूमता जाएगा
यह संसार मुसाफिरखाना है,
यहाँ सबको आना–जाना है,

सूरज भी सुबह उगता है...,
शाम को डूब जाने के लिए,
साँसें भी बार–बार आती हैं...
लौटकर वापस जाने के लिए,

धड़कनें धक–धक करती हैं
जीवन की घड़ियाँ घटती हैं,
जितना जीना है जी लो...,
जी भर कर रस पी लो...,

भँवर में मत उलझ जाना,
बीच सफर में मत डूब जाना,
कश्ती चाहे कागज की हो,
फिर भी आगे बढ़ते जाना...,

यह जीवन बहता पानी है...,
साक्ष्य भाव से बहते जाना...।

❖❖❖

गिरगिट

एक बार जब किसी ने...
गिरगिट को रंग बदलते देखा...,
तो इस विशेषता से अचंभित...
उसने उस गिरगिट से पूछा....,

कैसे कर लेते हो तुम ये सब?
कहाँ से सीखा ये हुनर गजब?
जब जैसी जरूरत, वैसा रंग,
कभी लाल, तो कभी हरा रंग,

कुछ हमें भी तो सिखलाओ...,
आखिर भेद क्या है इसमें?
जरा खुल कर ये बतलाओ...,
मुझे भी है इसकी बड़ी तलब,

गिरगिट ने मुस्कुरा कर कहा....
कैसी बात करते हो साहब,
सब आपलोगों की हीं माया है...,
यह हुनर तो बस उसका साया है...!

❖❖❖

महापलायन

ये कैसी मजबूरी है...,
कैसी ये लाचारी है...,

सॉँसें तो आती–जाती हैं,
पर जिंदगी भारी है,

अपने गाँव से कोसों दूर,
दिन–रात ये मजदूर...
भूखे पेट, थककर चूर,

निज तन को गलाते हैं,
फौलाद को पिघलाते हैं,

अमीरों के महल बनाते हैं,
अनवरत पसीना बहाते हैं,

फिर भी जीते हैं डर–डर के,
औरों के जीवन में रंग भर के,

हो जाते हैं बेदम, बेनूर,
क्या यही है इनका कसूर?

यदि गरज नहीं हो उनको...,
तो बेकार करार दिए जाते हैं,

और भूखे–प्यासे पैदल हीं...
अपनी किस्मत के सहारे,

सपरिवार घर लौटने के लिए...
सड़कों पर छोड़ दिए जाते हैं!

❖❖❖

मौत का मंजर

रणभेरी चहुँ ओर बज रही...
उठने लगा बवंडर है,

समर उग्र निरंतर है,
मौत का चला खंजर है,

लाशें हीं लाशें बिखरी हैं
चीख–पुकार चरम पर है,

कहीं सर नहीं, कहीं धड़ नहीं,
शव क्षत–विक्षत भयंकर है,

हर तरफ भयानक मंजर है
धरती बन चली बंजर है,

रक्त की नदी बह रही...
अभिशप्त भूमि कलप रही,

कराह रही है मावनता...
ना पछतावा, ना फिकर है,

फटने को आतुर वसुंधरा...
उफन रहा समंदर है।

❖❖❖

मरहम

आओ मरहम बन जाते हैं
उन मासूम दिलों क़े...

जो कभी छिल गए थे,
लहूलुहान हो गए थे,
बहुत खूबसूरत उद्यान से थे...

पर आज श्मशान हो गए हैं,
हँसते खिलखिलाते फूल...

जहाँ निष्प्राण हो गए हैं,
उन्हें शीतलता से सींचते हैं,

बड़े प्यार से भींचते हैं...
जीवन की ओर खींचते हैं,

उन्हें फिर से अपनाकर...
उनके हमदम बन जाते हैं

आओ मरहम बन जाते हैं!

❖❖❖

मीठी यादें

फूलों की महफिल सजी थी...
कलियाँ भी मशगूल लग रही थीं,

पत्तियों के संग–संग झूलते हुए
आपस में गुफ्तगू कर रही थीं,

खूबसूरत रंगो में सब खिल रहे थे
उमंग–तरंग में खूब मचल रहे थे,

मोम–से जज्बात पिघल रहे थे
हवा में खुशबू बनकर घुल रहे थे,

पास से गुजरा तो पाँव थम गए
न जाने कैसे उस ओर घुम गए,

देखा, वहाँ कलियाँ मुस्कुरा रही थी
हरे दुपट्टे में खड़ी शरमा रही थीं,

खिलखिलाते फूल भी लुभा रहे थे
बार–बार अपनी ओर बुला रहे थे,

आहिस्ता से मैंने हाथ बढ़ा दिया...
प्यार से एक फूल को सहला दिया,

सकुचा कर डाली जरा झुक गई,
जैसे लाज से वो दोहरी हो गईं,

कुछ गुलाबी पंखुड़ियाँ भी झड़ गईं
मानों शर्म से जमीन में गड़ गईं,

मैं जैसे मंत्रमुग्ध सा हो गया था...,
आज फिर मीठी यादों में खो गया था।

❖❖❖

बावरा मन

इक रात नहीं बीती...
जब तुम याद नहीं आये,

तपती हुई रेत पर...
बदरा बनकर छाये,

बारिश की बूंदों में...
खुशियाँ भरकर लाये,

मेरे अंधेरे जीवन में...
जुगनू की तरह जगमगाये,

रह–रह कर मेरा मन...
बावरा–सा मुस्कुराये!

❖❖❖

सूर्य और चाँद

सूर्य और चाँद का...
हो रहा मिलन,

शीतल चाँदनी में लिपटी...
मुस्कुरा रही दुल्हन,

सिंदुरी लालिमा लिए...
हुआ वर का आगमन,

शुभ मुहूर्त की वेला आई...
झूम रहे धरती–गगन,

गुनगुना रही शोख हवा...
नाच उठा है मयूर–मन,

मानों दिन और रात का...
आज हो रहा लगन !

❖❖❖

मन का गीत

ना चंचल हो, ना व्याकुल हो
ना पीड़ित ना शोकाकुल हो

यह निश्छल, निर्मल अविरल हो
मन पावन, स्थिर, अविचल हो,

ना उलझन हो, ना बंधन हो
ना भेदभाव, ना क्रंदन हो

मन शांत, सुवासित चंदन हो
जैसे उनमुक्त नील गगन हो

रोम–रोम संगीत स्पंदन हो
जग प्रेम–गीत से गुंजन हो

धरती पर जिसने जन्म लिया...,
सबका हर पल अभिनंदन हो।

❖❖❖

अमृत-कलश

आज फिर अमृत–कलश छलक रहा है...,
फलक अनुरक्त भाव से नीचे उतर रहा है...,

धरती सोलह श्रृंगार किये बैठी है...,
रोम–रोम से संगीत फूट रहा है...,

समंदर लालायित है सुधा के लिए...,
हिमालय भी नतमस्तक हो रहा है,

प्रेम की मुसलाधार बारिश में...,
मेरा अंतर्मन तृप्त हो रहा है...,

साँसें तो मेरी चलती हीं रहती हैं...,
आज ये दिल भी धड़क रहा है...,

एक मासूम बच्चे की तरह...,
जीने को फिर से मचल रहा है...,

जिन्दगी जी उठी हो जैसे...,
ऐसे पूरा वजूद मेरा महक रहा है...।

❖❖❖

बेटियाँ

कभी खनकती चूड़ियाँ
तो कभी माथे पे बिंदी

झनकती पायलों की लड़ियाँ
तो कभी हाथों में मेंहदी,

कभी कानों में बाली
कभी होठों पे लाली

कभी बालों में गजरा
तो कभी पूजा की थाली,

कभी फूलों सी मुस्काती
सखियों संग करती अठखेलियाँ,

तो कभी माँ के साथ–साथ घूमतीं
बन जातीं उनकी सहेलियाँ,

कभी भाइयों के साथ उलझतीं
छोटी–छोटी बात पे झगड़तीं,

आँचल में लेकर ढ़ेर सारा प्यार
माँ की ममता और पिता का दुलार,

कभी संभालती अपना घरबार
तो कभी रौशन करतीं संसार।

❖❖❖

निर्भया का निर्वाण

नयनों से धार बह निकली...,
अब मन की ज्वाला शांत हुई,
वर्षों से तपते रेत पर...
आज सुकून की बरसात हुई,

वो तितली सी उड़ती फिरती थी
फूलों से घुलती मिलती थी
रंगो में ढलती रहती थी
उमंगो में खिलती रहती थी,

नाजों से उसको पाला था
पलकों पे उसे संभाला था
वो मधुर, मेधावी, खरी थी
माँ–बाप की इकलौती परी थी,

आजाद गगन था सपनों में
काँटों में दामन उलझ गए
अभी अरमानों के दिए जले थे
कि तूफानों में बुझ गए,

वो मनहूस काली रात थी
निशाचरों की निकली बारात थी
वो अपने मित्र के साथ थी
अनहोनी लगाए घात थी,

भेड़ियों ने उनका शिकार कर लिया
स्त्रित्व को तार–तार कर दिया
क्रूरता की हदों को पार कर लिया
वीभत्स मौत से साक्षात्कार कर दिया,

तिल–तिल कर वो मरती रही
असह्य पीड़ा को सहती रही
दैत्यों को इसका दंड मिले
सजल नेत्रों से कहती रही,

लेकिन मौत ने साँसें छीन ली
हैवानियत ने उसकी बली ले ली
सबके भीतर चिता जलाकर
वो दुनिया से मुँह मोड़ चली,

तब सौंगंध उठाई जननी ने...
संघर्ष न उसका हो बेमानी
निर्भया को इंसाफ दिलाने
पति–संग एक स्वर में ठानी,

दिनभर दंपति भटकते रहते
न्यायालय में सिर पटकते
जहर दर्द का हर पल पीते
रात्रि पहर घुट–घुट कर रोते,

हर वक्त उन्हें बस वही दिखता
लथपथ शरीर तड़पता चेहरा
दहकती आँच में जैसे शोले भड़कते
जख्म हृदय के रह–रहकर उठते,

बाधाएँ हर मोड़ पर खड़ी थीं
राह रोके जिद पर अड़ी थीं
पर कदम कभी ना थकते थे
न हौसले उनके कम पड़ते थे,

उस सहचर ने भी साथ निभाया
सड़कों पर जनसैलाब उमड़ आया
ज्योति की नन्हीं ज्वाला को
सबने मिलकर दावानल बनाया,

धीरे–धीरे अड़चनें हटती गईं
कानून की उलझनें सुलझती गईं
फंदा गले का बनता गया,
उन दोषियों को कसता गया,

मृत्यू पास देख वे बड़े घबड़ाये
तरह–तरह के बहाने बनाये
कुटिलता के सारे दाँव आजमाए
क्षमा–याचना के भी गुहार लगाए,

यमदूतों को कई बार लौटाया
छल–कपट पूरजोर लगाया
पर धूर्तता उनके काम न आई
व्यर्थ गई हर एक दुहाई,

आखिरकार वो घड़ी आ गई
पापियों पर मानो मुर्दनी छा गई
काल भी जैसे शांत हो गया था
उन राक्षसों का अंत हो गया था,

नयनों से धार बह निकली...
अब मन की ज्वाला शांत हुई,
वर्षों से तपते रेत पर...
आज सुकून की बरसात हुई।

❖❖❖

द्रौपदी या काली

दर्द बहुत बेदर्द हो चला है...,
रगों का लहू अब सर्द हो चला है,

ललनाएँ चित्कार कर रही हैं...,
क्रूरता सारी हदें पार कर रही है,

सभ्यता संस्कृति तार–तार हो रही है,
मानवता मुँह छुपाये शर्मसार हो रही है,

नयनों की नदियाँ सूखने लगी हैं,
सीने में टीस बन कर चुभने लगी हैं,

दुःशासन का दौर फिर चल पड़ा है,
कुशासन भी मौन साधे खड़ा है,

पर तुम द्रौपदी न बन जाना...,
नयन–बाण नहीं शस्त्र उठाना...,

लज्जा छोड़ काली बन जाना...,
माँ खप्पर–वाली बन जाना...!

❖❖❖

माँ

तू प्यार है, तू शक्ति है,
तू श्रद्धा और श्रृंगार है,

तू जीवन की अविरल गति है,
खुशियों का संसार है,

तू ज्ञान की ज्योति है,
तू अमृत की धार है,

तू सभ्यता और संस्कृति है,
तू हीं गीता का सार है!

❖❖❖

दीपक

दीपक हो तुम जलते रहना...,
अंधकार से लड़ते रहना...,

चाहे जितना सघन तिमिर हो,
हर पल तत्पर जगते रहना,

वीरानों मे, श्मशानों में,
आंधी और तूफानों में...

झुक–झुक कर सीधे होते रहना,
गहन तमस को लीलते रहना,

बूँद–बूँद विष पीते रहना,
मोती बन कर झरते रहना,
दीपक हो तुम...

धीर–वीर गंभीर पथिक सा...
पग–पग आगे बढ़ते रहना,

विघ्नों से पीछे मत हटना,
तुम साधक हो, डट के रहना,

रूठा हो चाहे जितना भोर,
छूटे ना उम्मीद की डोर,

सूरज सा तुम उगते रहना,
जग को रौशन करते रहना,

दीपक हो तुम जलते रहना...,
अंधकार से लड़ते रहना...।

❖❖❖

जिन्दगी

जिन्दगी वही नहीं, जो हमें नजर आती है,
वह तो वो है, जो यह हमें दिखाती है,

कोई हँसकर जीता है, तो कोई मर–मरकर,
दरअसल यह कभी पुचकारती है, तो कभी आजमाती है,

जियो तो कुछ इस तरह कि...
जिन्दगी को भी तुझ से रश्क हो जाए,

आसमाँ से फरिश्ते भी तुझे निहारें,
और मौत भी तुझसे पस्त हो जाए।

❖❖❖

सोने को मिला हीरा

दूर देश से आई खबर
खुशी में झूमे गांव–शहर
स्वर्ण पदक को धारण कर
हीरे–सा वो रहा निखर,

बाजुओं में सिंहों का बल
पर्वत–सा विश्वास अटल
रणबांकुरों–सा वो दौड़ चला
हाथों में भाला थाम कर,

हर एक निगाह उस पर टिकी थी
अनगिनत ह्रदय से दुआ उठी थी
लौटे अपनी माटी का लाल
परदेश में झंड़ा गाड़ कर,

आखिर वो सुनहरा पल आया
आसमान में भाला लहराया
दूर लक्ष्य पर सटीक समाया
जयघोष गगन तक गूंज आया,

फिर शान से तिरंगा फहराया
राष्ट्र का गौरव–गान सुनाया
वर्षों बाद दिल भर आया
बुझते दियों को फिर सुलगाया,

नीरज यूँ ही दिल जीतते रहना
प्रगति–पथ पर बढ़ते रहना
नित नई सीढ़ियाँ चढ़ते रहना
विजय–गाथा गढ़ते रहना।

❖❖❖

कुछ मुक्तक और अशआर

तुम्हीं को बुनता हूँ, तुम्हीं को गुनता हूँ,
तुम्हीं को सुनता हूँ, तुम्हीं संग बहता हूँ!
तुम कविता जो हो!!

अपने एहसासों को कैसे...
मैं शब्दों में बांध सकता हूँ,
अपनी ख़बर कहाँ होती है,
जब मैं तुम्हारे पास होता हूँ!

तुम्हारी आहट सुनाई दी है,
जैसे तुमने मुझे आवाज़ दी है,
धड़कनें चुपके से फुसफुसाई हैं...
जैसे तेरी यादों ने अंगड़ाई ली है!

अधूरी ख्वाहिशों के नाम
पूरी जिंदगी गुज़र गई...,
जब चाँद को लिया थाम
तो ख्वाहिशें बिछड़ गईं!

मंजिल का तो पता नहीं
यूँ ही कदम बढ़ाए जाते हैं,
कौड़ियों को इकट्ठा कर...
हम हीरे लुटाए जाते हैं!

सफर को अधूरा नहीं छोड़ते,
बाधाओं से मुँह नहीं मोड़ते,
जिगर वालों के इंतज़ार में...
रास्ते भी हरदम बाट जोहते!

छोटे–छोटे लक्ष्य बनाकर
सदैव आगे बढ़ते चलो,
भविष्य की चिंता छोड़कर
हर एक पल को जीते चलो।

पल दो पल के लिए
औरों का दुःख बांट कर देखो,
कितना सुकून मिलता है...,
एक बार हाथ बढ़ा कर देखो।

मनवा बेपरवाह
होकर नाचने लगा,
तोड़ कर सारे बंधन
आज ये उड़ चला!

यादों का शोर कहीं बहरा न कर दे,
उम्मीदों की भोर का इंतज़ार करना।

खुशियों के दीप जलते रहें
झिलमिल मोती झरते रहें
फूलों की तरह खिलते रहें
प्रेम के धारे बहते रहें!

आज का दिन तो जी लूँ जी भर
कल जो होगा देखा जायेगा...,
हर लम्हा एक तोहफा है,
जो जिया, वही साथ जाएगा।

उसके दिल का सफ़र
इतना आसान नहीं था,
लेकिन जब मंजिल पर पहुँचा,
थकान का नामो–निशान नहीं था।

तुम खुद हीं आकर देख लो...
किताबें कैसी बेकरार सी बैठी हैं,
कभी इनसे भी गुफ्तगू कर लो
हमेशा तुम्हारा इंतज़ार करती हैं।

जिंदगी यूँ गुजर गई
जैसे अभी–अभी शुरू हुई...
अब जाकर उसे थोड़ा जाना था,
और बातों–बातों में बसर हो गई।

चाहे जितने रंग...
बदल ले तू ऐ जिंदगी,
मैंने भी जीने का ढंग...
अब सीख लिया है।

चुटकी भर खुशी
की हसरत है दिल में...,
लोगों का प्यार मिल जाए
तो जन्नत है यहीं पे !

क्यूँ रहता है ख़फ़ा–ख़फ़ा
कभी तो मुस्कुरा दिया कर,
लेने दे जिन्दगी को मज़ा
तू भी इसका लुत्फ़ लिया कर!

ये जीवन बहता हुआ दरिया है,
पल–पल लोगों का बदलता नजरिया है,
तू अपनी राह पकड़ कर चल...,
गुजरता जा रहा एक–एक पल!

मेरे साँसों की खुशबू तू है
मेरे दिल की धड़कन भी तू है
आँखें खोलूँ तो तेरी जुस्तजू है
आँखें बंद हों, तो बस तू हीं तू है!

यूँ पलकों के चिलमन से...
तुम खुद को निहारा न करो,
यूँ आईने के सामने मुस्कुराया न करो,
आईना भी शरमा जाएगा।

तुम बहुत हीं खूबसूरत हो
सुंदरता की जीती जागती मूरत हो
मेरे ख्वाबों की हक़ीक़त...
और मेरी जिंदगी की ज़रूरत हो!

तेरे जीवन के साल हों इतने..
आसमान में तारे जितने,
माथे पे चाँद सी बिंदिया हो
आँचल में ढेरों खुशियाँ हों,
फूलों सा महके पूरा जीवन
सौभाग्य करे हर पल अभिनंदन।

फूलों की तरह तुम खिलते रहना
खुशबू की तरह मिलते रहना
जब–जब जीवन में पतझड़ आए
सावन की तरह बरसते रहना।

लगता है ये चाँद भी..
जैसे इंतज़ार कर रहा हो,
अंधेरे में सबसे छुपकर,
तुम्हारा दीदार कर रहा हो।

तुम फूलों की खुशबू हो..,
तुम चंदा की चांदनी,
मस्त हवा की शोखी तुम हो,
तुम से हीं जिन्दगानी।

रूह में शामिल है मेरी
इस तरह तेरी रूह की खुशबू
कि चाहे कहीं भी हो तू..
हर वक्त होती है मेरी रूबरू !

मत कर दौलत का नशा
ये मीठा जहर है,
ले हर पल जीने का मज़ा
छोटा सा सफ़र है !

उम्मीद की डोर छूटे ना
जिंदगी किसी से रूठे ना
लाख मुश्किलें सामने आएँ
हौसला फिर भी टूटे ना!

फिर घटाएँ छा गईं
रिमझिम बूँदें बरसने लगीं,
हल्की–हल्की हवा के संग..
यादों की परतें खुलने लगीं।

बावरा सा बरसे सावन
वसुंधरा बन गई दुल्हन
हवा के संग झूमे मन
जी चाहे मैं छू लूँ गगन।

सूर्य समान तेज हो तेरा..
चंद्रमा जैसी शीतलता,
खुशियों की तुझपे बारिश हो,
कदम चूमती रहे सफलता।

चाहे जितना ढक ले मेघ
नहीं थमेगा तेरा तेज़
तू तो बाहर आएगा..
जग को रौशन कर जाएगा।

पिता प्यार है, सम्मान है,
पिता है, तो हर मुश्किल आसान है,
पिता है, तो सपनों की उड़ान है,
पिता है, तो सारा जहान है !

आजमाने दो जोर
इन तूफ़ानों को..,
जरा ये भी तो जानें..
कि हौसला क्या होता है !

मुश्किलों की बारिश भी जरूरी है
हर रंग उतर जाता है..,
चेहरे के पीछे छुपा चेहरा
बिलकुल साफ़ नज़र आता है !

यूँ भुला कर हमें भूल जाने की
तोहमत न लगाईये..,
दिल बनकर धड़कते हैं आप हीं
कभी तो गौर फरमाईये।

रंगत मेरे हमसफ़र की
ये फूल चुरा रहे हैं..,
लाल सुर्ख़ रंग से..
खुद को सजा रहे हैं !

ये बोझिल पलकें हैं...
या मदिरा के दो छलकते पैमाने,
उठ जाएँ इक बार जरा...
तो फिर डूब जाएँ दोनों जहाँ ।

रंग जो तेरा देखा मैंने..
अपना ढंग मैं भूल गई,
सिर्फ तू हीं तू कबूल मुझे,
तुझमें हीं मैं घुल गई..!

जिन्दगी के रास्ते..
कभी–कभी अजीब होते हैं,
कुछ लोग पास होकर भी दूर..
तो कुछ दूर होकर भी करीब होते हैं।

बता नहीं सके..,
बाट जोहते रह गए एक–दूसरे के,
फासले मिटा न सके..,
लम्हे गुजरते गए हमसे रूठ के..!

इश्क में अक्सर..
गलतफहमियाँ हो जाती हैं,
जो दिल के बहुत करीब होते हैं
उनसे दूरियाँ हो जाती हैं।

बहुत गुरूर था हमें..
कि सब अपने साथ हैं,
जरुरत पड़ी तो जाना..
सब वक्त के हाथ में है।

रात सितारे और मैं..
एक अर्से बाद मिल रहे हैं,
जैसे वर्षों बाद फिर से..
हम एक–दूसरे में घुल रहे हैं !

ख्वाबों की दुनिया में..
इंसान इस कदर मशगूल हो जाता है,
कि उसे खबर हीं नहीं होती..,
और वक्त हाथ से निकल जाता है।

महज़ साँसों का आना–जाना..
हीं ये जिंदगी तो नहीं,
अगर सीने में दिल है..
तो धड़कना भी चाहिए।

जिन्दगी के रास्ते..
कभी एक से नहीं होते हैं,
कहीं फूल बरसते हैं,
तो कहीं काँटे बिछे होते हैं।

जिंदगी एक समंदर है,
शरीर है नाव,
साँसों का पाल उड़ा जा रहा है..
जाने किस देश में ।

वक्त का पहिया घूमता जाएगा
एक–एक लम्हा हमसे दूर होता जाएगा
जी लो जिंदगी जी भरकर यारों..
वर्ना खाली हाथ हीं वापस चला जाएगा।

फूलों की तरह खिलना
सबके दिलों में रहना
दुआ है कि तुम सदा..
खुशबू बनकर महकना।

एक तस्वीर..
बनाता हूँ मैं,
लोगों के दिलों में छुपा है जो,
पन्नों पे उतार लाता हूँ मैं !

सुबह लाई है...
उम्मीदों की नई रौशनी
आओ मिलकर कुछ नया करें,
एक बार फिर जीने का मज़ा लें।

साहिल पे खड़े होकर..
किस बात का इंतज़ार करना,
जब हौसला हमारे पास है..
तो फिर तूफां से क्या डरना !

पल–पल गुजरता जाता है,
बंद मुट्ठी से रेत फिसलता जाता है,
जिंदगी को संवारने की कोशिश में..
इंसान खुद बिखरता जाता है।

जब कुछ नहीं था..
एक सुकून सा था,
अब सब कुछ है..,
फिर ये खालीपन कैसा !

पुकारे चलो
उम्मीदों के सहारे चलो
बीते दिनों को बिसारे चलो
मुसीबतों को निस्तारे चलो
खुशियों में गुजारे चलो
अनंत के द्वारे चलो।

शाम की लालिमा छा रही है,
दिनभर की जद्दोजहद के बाद..
सुकून के कुछ पल साथ ला रही है,
जिंदगी के मायने हमें समझा रही है!

अपनी सांसों को गीत गुनगुनाने दो
धड़कनों को भी संगीत सुनाने दो
बहुत खूबसूरत है ये जिन्दगी...
खुद मुस्कुराओ, इसे भी मुस्कुराने दो।

चोटी पर पहुँच कर..
ये मत भूल जाना,
उड़ान चाहे जितने भर लो..,
है सबको जमीन पर आना !

आज किसी ने मुझसे पूछा...
आपकी लेखनी को किसने उकसाया,
मैंने मुस्कुराकर उन्हें बताया...
मेरे खूबसूरत ख्वाब
मोम से पिघलते जज़्बात
और जो कुछ इस दुनिया ने सिखाया !

हर दिन आपका सुहाना हो..,
हर रात आपकी चाँदनी,
हर पल वसंत सा खिला रहे..,
हो ऐसी खूबसूरत जिन्दगानी।

धीर धरो तो धरती बनकर..,
प्रेम करो हो जैसे अम्बर,
स्वाभिमान हो तो हिमगिरी सा..,
गहरा हो तो समंदर...!

आसमाँ भी छोटा पड़ जाता है..
जब हौसलों की उड़ान होती है,
अगर जिंदादिली हो बंदे में..
तो मौत भी अदब से कुर्बान होती है।

जिन्दगी मेरी तरफ भी तो देख..
कब तक यूँ उदास बैठी रहोगी,
चल मजे करते हैं दोनों साथ में..
तुझे भी तो जीने की आरजू होगी!

❖❖❖

www.ingramcontent.com/pod-product-compliance
Lightning Source LLC
LaVergne TN
LVHW100404181026
850499LV00037B/597
* 9 7 8 9 3 5 4 8 6 6 8 8 3 *